AF231821

PIÈCES JUSTIFICATIVES

DE MON APPEL

COMME D'ABUS AU CONSEIL D'ÉTAT.

Mon Mémoire d'appel à Monseigneur l'archevêque d'Amasie avait été remis le 1er mai 1839 à Monseigneur de Chamon, se trouvant alors à Dole. Ce Mémoire était accompagné d'une lettre que je le priais de regarder comme une signification particulière de mon appel, s'il persistait, contre toute justice, dans le maintien de sa suspense.

Après huit jours d'attente et n'ayant reçu aucune réponse, je crus devoir, avant de partir pour Lyon, faire donner légalement la signification suivante :

L'an dix-huit cent trente-neuf et le huit mai, à la requête de M. l'abbé Pelier-de-Lacroix, chanoine en la cathédrale de Saint-Claude (Jura), domicilié en ladite ville, je soussigné François-Marie Léger, huissier audiencier près le tribunal de première instance séant à Saint-Claude, demeurant en ladite ville, patenté de 3e classe, n° 23, ai signifié et déclaré à Monseigneur de Chamon, évêque du diocèse de Saint-Claude, étant en son palais épiscopal audit Saint-Claude, et parlant à la personne de M. Ferroul de Montgaillard, son vicaire-général ; que le requérant se présentera, par lui-même ou par un fondé de pouvoir, le onze mai courant, et tous autres jours suivants, si besoin est, devant Monseigneur l'archevêque d'Amasie, administrateur du siége métropolitain de Lyon, aux fins de faire statuer sur l'appel canonique qu'il a formé, et dont les conclusions tendent à faire déclarer *nulles, abusives et injustes les censures portées contre lui* les deux et six mars dernier, par Monseigneur l'évêque de Saint-Claude, dans la forme usitée en pareil cas, par une lettre missive du requérant, en date du trente avril dernier.

Les moyens de l'appelant étant imprimés et connus de Monseigneur l'évêque de Saint-Claude, la cause se trouve en état d'être jugée : elle est, par elle-même, d'une nature très-urgente, et le requérant annonce qu'il la fera juger tant en la présence qu'en l'absence de Monseigneur l'évêque de Saint-Claude.

C'est pourquoi je, le dit huissier, en parlant comme devant, ai laissé à Monseigneur l'évêque de Saint-Claude, copie de mon présent exploit, dont le coût est de cinq francs soixante et dix-huit centimes.

Signé, LÉGER.

Enregistré à Saint-Claude, le huit mai 1839, fol. 38, V. C. 12. Reçu deux francs et vingt centimes pour 10e.

Signé, DENAU.

Le 12 mai, je remis moi-même à M. Baron, premier grand-vicaire de Monseigneur d'Amasie, la requête suivante aussi accompagnée de mon Mémoire, dont plusieurs exemplaires avaient été adressés à ses collégues, les jours précédents :

A Monseigneur l'archevêque d'AMASIE, administrateur du siége métropolitain de Lyon.

MONSEIGNEUR,

Une défense de célébrer m'a été signifiée sans motifs, le 2 mars dernier, de la part de Monseigneur de Chamon, évêque de Saint-Claude; et le 7 du même mois, j'ai été déclaré suspens pour ne m'être pas rendu ledit jour, à 11 heures, devant Monseigneur et le chapitre de sa cathédrale.

Cette défense et cette déclaration de suspense ont été faites contre toutes les règles de droit et sans causes justes, ainsi que je le démontre dans le *mémoire* imprimé, que j'ai l'honneur de vous adresser avec la présente supplique.

Je suis innocent des faits qui me sont imputés dans la sommation que Monseigneur de Chamon m'a fait remettre le 6 mars; et je subis néanmoins depuis deux mois et demi les effets d'une suspense *totale*. C'est envain que j'ai réclamé pour la faire lever : Monseigneur de Chamon, cédant, je crois, aux petites passions de ses conseillers contre moi, veut que je m'avoue coupable pour *sauver* son autorité compromise. Ma conscience et mon honneur ne me permettent *plus* de porter jusque-là ma déférence.

Trompé déjà plusieurs fois par les membres influents du chapitre, lesquels forment le conseil épiscopal, j'ai dû récuser, et je récuse ici de nouveau ledit conseil, appelant à la juridiction comme à la justice éclairée de votre grandeur.

Les motifs de cette récusation sont exposés dans mon Mémoire. Je prie Monseigneur le métropolitain de faire examiner ma cause ; et, certain de mon droit, j'attends avec confiance qu'il prononcera 1° qu'il y a eu abus dans la défense qui m'a été faite de célébrer, et dans la déclaration de suspense qui l'a suivie ; 2° qu'il lèvera ou déclarera nulle ladite suspense, conformément à la règle de Gratien : *Restituendus est quem neque convictum, neque confessum constat esse ejectum* (1).

Mon appel a été signifié à Monseigneur de Chamon, et un exemplaire de mon Mémoire lui a été remis le 1er du mois courant, en le suppliant encore de lever sa suspense. N'ayant reçu aucune réponse et ne pouvant rester plus long-temps sous le poids d'une censure aussi infâmante qu'imméritée, je recours au supérieur immédiat de mon évêque, pour qu'il reçoive mon appel et juge suivant le droit.

Bien que plusieurs députés et hommes de lettres avec qui je suis lié particulièrement, m'aient fait offre de porter ma cause à la tribune législative et dans les journaux, j'ai cru devoir les remercier de leur bon-vouloir, soit parce que je craindrais d'augmenter le scandale, soit parce que je suis persuadé que Monseigneur le métropolitain, qui doit d'abord en être saisi, est trop juste pour me répondre par un déni de justice.

J'ai l'honneur d'être, avec le plus profond respect,

MONSEIGNEUR,

De Votre Grandeur,

le très-humble et très-obeissant serviteur,

L'ab. PÉLIER-DE-LACROIX,

Chanoine de Saint-Claude et de Chartres, etc., ancien aumônier du prince de Condé.

Saint-Claude, le 10 mai 1839.

---

(1) 2ª pars, causa 2ª, quœst 1. V. APPEL, cas 12 et 45 dans Pontas ; et EXCOMUNICATION, cas 17 ; et SUSPENSE, cas 52.

Je savais qu'il m'était impossible d'aborder Monseigneur d'Amasie ; je conférai de mon appel avec MM. Barou et Challeton, ses vicaires généraux, qui me témoignèrent de l'intérêt, mais me renvoyèrent à M. Montagnier, vicaire-général honoraire, qu'ils me dirent être chargé de mon affaire par Monseigneur. Dans les entretiens que j'eus avec M. Montagnier, je vis qu'on avait écrit force mensonges contre moi, entre autres, *que j'étais étranger au diocèse de Saint-Claude*, et que j'avais déjà eu des *Brouilleries à Chartres où je n'avais pu rester*, *parce que j'y étais mal vu*. (Ce dernier compliment m'avait déjà été fait par Monseigneur de Saint-Claude, sous les yeux duquel cependant j'avais mis en autographe les lettres suivantes) :

A M. l'abbé PÉLIER-DE-LACROIX, *aumônier de S. A. S. Monseigneur le duc de Bourbon, au Palais-Bourbon.*

Chartres, le 10 mars 1826.

MONSIEUR,

Je vous supplie de venir ici pour le dimanche de quasimodo, jour de l'ouverture de notre jubilé. Vous y serez entendu avec un plaisir vif et universel. Vous nous y donnerez quelques sermons pendant la 1re et la 2e semaine. Songez quels liens vous attachent à ce diocèse, et rendez-vous à mes désirs et à ceux de toute la ville. Je vous le *demande avec les plus pressantes instances. Oui, venez, venez. Vous descendrez à l'évéché, nul doute. Je n'ai pas le temps de vous en dire davantage.*

Recevez l'assurance de la considération distinguée avec laquelle j'ai l'honneur d'être,

Monsieur, etc.

Signé : CLAUDE-HIPPOLITE,

évêque de Chartres.

Chartres, le 18 mars 1826.

MONSIEUR,

Tous nos chartrains sont ravis du consentement que vous avez donné à ma proposition. Votre appartement sera prêt à l'évéché le lundi soir, lendemain de la quasimodo. J'espére que vous arriverez assez à temps pour dîner avec nous à 6 heures...... Hélas! il faudra bien vous laisser partir le samedi, puisque le service du prince vous rappellera à Paris.

Je vous renouvelle la considération très-distingue, etc.

Signé : CLAUDE HIPPOLYTE,

évêque de Chartres.

NOTE. Il y avait quatre ans, que M. Pélier avait quitté Chartres. On voit par ces deux lettres, (et il pourrait en citer bien d'autres,) s'il y avait laissé mauvaise réputation. Que tels et tels partent de Saint-Claude, et on verra s'ils y sont rappelés par des lettres semblables.

Chartres, le 24 mai 1826.

MONSIEUR L'ABBÉ,

*Nous venons de perdre M. Barentin, chanoine de la ca-
thédrale, décédé la nuit dernière. Vous avez droit à ce
canonicat (par brevet de serment de fidélité.). Monseigneur l'évêque me charge de vous écrire, pour savoir si vous
userez de ce droit. Soit que vous le fassiez, soit que vous
le laissiez passer à un autre, vous voudrez bien avoir la
bonté d'en instruire sa grandeur le plus tôt possible.*

J'ai l'honneur d'être, avec une respectueuse considération,

MONSIEUR L'ABBÉ,

Votre très-humble et très-obéissant serviteur.
Signe : EVETTE, *Vic.-Gén.*

NOTE. Un vicaire de Saint-Claude a dit, mais en qualité d'écho
seulement, que j'avais eu déjà DES QUERELLES lorsque j'étais chefecier
des Quinze-Vingts, en 1823. Comme cet estimable vicaire ne l'a pas
inventé et que d'autres personnes ont pu être aussi bien trompées que
lui, je profite de cette note pour déclarer publiquement, sans crainte
d'être démenti, que j'ai été prié et supplié, par la Grande-Aumônerie
et par tous les habitants des Quinze-Vingts, de rester dans ce poste,
(où j'avais deux chapelains,) jusqu'au 1er mai 1824, époque où ma
démission a été enfin acceptée. Cette démission était donnée depuis
long-temps pour les motifs les plus honorables. Et c'est un fait, que
pendant quatre mois j'ai occupé deux places, celle de chefecier et celle
d'aumônier du prince de Condé. Voilà comme j'étais mal vu au Quinze-
Vingts. — On dirait plus vrai, si l'on racontait que j'ai eu des querelles
avec la baronne de Feuchères ; comme on dira vrai, si l'on raconte un
jour que j'en ai eu avec un chanoine de Saint-Claude, actuellement
grand-vicaire.

N'ayant pu , malgré mes instances , déterminer M. Montagnier à me faire juger , je dus prendre le parti de faire signifier légalement une première sommation pour mettre le métropolitain en de—meure de prononcer son jugement.

L'an mil huit cent trente-neuf et le dix-huit mai, à la requête de M. l'abbé *Pélier-de-Lacroix*, chanoine de la cathédrale de Saint-Claude (Jura), y demeurant, lequel élit domicile à Lyon (Rhône), en l'étude de M. Dominique Parecint fils , huissier, située en cette ville Grande-rue-Mercière, n° 48 ; je , Urbain Pierrot, huissier au tribunal civil de Lyon , y demeurant, quai d'Orléans , n° 39 , patenté le 24 janvier dernier , n° 1073 , soussigné, ai déclaré et signifié à Monseigneur l'*archevêque d'Amasie*, administrateur du siége métropolitain de Lyon , étant en son palais épiscopal, situé à Lyon, rue de l'Archevêché, et parlant à l'un de Messieurs ses grands-vicaires, ainsi que celui y trouvé m'a dit être.

Que le trente avril dernier , et le huit mai, présent mois, le requérant s'est rendu appelant d'une suspense totale prononcée contre lui , par Monseigneur de Cha-mon, évêque de Saint-Claude , et a saisi du dit appel Monseigneur l'archevêque d'Amasie, le dix du courant mois ; malgré toutes ses démarches et toutes ses supplications, le requérant n'a pû obtenir de son dit juge d'appel aucune décision. Il y a mieux : Monseigneur l'archevêque d'Amasie a constamment refusé de statuer sur ledit appel, qui doit être jugé d'après les formes et les régle-ments du droit canonique. Il importe au requérant de constater le refus, c'est pourquoi il pric de nouveau , et avec instance, Monseigneur l'archevêque d'Amasie de prononcer sa sentence d'appel sans délai, attendu qu'il possède dans le mémoire imprimé du requérant, tous les moyens et tous les documents propres à éclairer sa religion, et que, d'ailleurs, Monseigneur l'évêque de Saint-Claude lui a fait également connaître ses moyens.

Et afin que Monseigneur l'archevêque d'Amasie n'en ignore, je lui ai donné et laissé copie de cet exploit, en parlant comme dessus.

Coût deux francs cinquante centimes, outre les déboursés.

Signé, PIERROT.

Enregistré à Lyon, le 18 mai 1839. Reçu deux francs vingt centimes.

Signé, SUDRÉ.

Le délai de huit jours étant près de s'écouler, sans que j'eusse reçu aucune réponse, j'écrivis encore la lettre suivante :

A sa grandeur, Monseigneur l'Archevêque d'Amasie, administrateur du Siége métropolitain de Lyon.

MONSEIGNEUR,

On m'écrit que le grand-vicaire de Saint-Claude, qui naguéres était secrétaire de l'évêché, colporte et montre dans son diocèse une lettre de votre grandeur, où vous annoncez à Mgr. de Chamon que toutes les avenues de votre palais me seront tenues fermées, et que des ordres sont donnés à MM. vos grands-vicaires pour m'éconduire également, si je me présente à leurs portes.... Toutefois je n'ai qu'à me louer de la réception que m'ont faite MM. vos grands-vicaires, peut-être un seul excepté.

Cependant le non succès de mes démarches auprès de vous depuis plus de quinze jours, me force de vous adresser encore les observations suivantes:

Vous n'ignorez pas, Monseigneur, que l'élévation du rang ou de la dignité ne dispense jamais d'être honnête envers tout le monde. Le Roi est Sa Sainteté elle-même se croient obligés de faire tenir leurs réponses aux personnes qui ont eu quelques raisons pour leur écrire. Comment se fait-il qu'un chanoine, honorablement connu dans les lettres et dans les sciences ecclésiastiques , ait jusqu'ici vainement réclamé de vous une réponse écrite à l'appel régulier qu'il a eu l'honneur de vous adresser le dix du courant? Il lui répugne de croire que votre intention soit de refuser justice à l'opprimé. Un juge, et surtout un juge ecclésiastique de votre rang, ne saurait sciemment et volontairement se rendre coupable d'un crime que les lois civiles, aussi bien que les lois canoniques, flétrissent en le punissant. C'est pourquoi, avant de vous faire signifier une dernière requête légale d'avoir à juger mon appel d'une suspense abusive et injuste portée contre moi par Monseigneur de Chamon votre suffragant, je viens encore prier et supplier votre grandeur de vouloir bien prononcer sur ledit appel et de me faire connaître sa sentence.

Je répète que je ne peux concevoir un déni de justice de votre part. Il tomberait nécessairement dans le domaine de la presse, et sa publicité amènerait peut-être des conséquences bien graves pour l'épiscopat. Car, si les supérieurs ecclésiastiques refusent de suivre les formes canoniques, dès lors il sera publiquement constaté qu'il existe une lacune immense dans les lois françaises actuelles. Ce déni de justice, déjà précédé de plusieurs autres, dont les législatures précédentes ont témoigné le désir de s'occuper, ne pourrait-il pas faire passer enfin au conseil d'État, ou aux cours royales, certaines attributions qu'avaient autrefois les parlements ? Les prêtres sont français, égaux devant la loi à tous les autres Français, Or, ici, dans l'espèce, je serais sans loi et *sans juge d'appel, parce que je suis prêtre !* Veuillez bien y penser, Monseigneur.

Qu'on ne dise pas qu'on ne peut appeler que d'une

sentence (*). Là où en sont tous les effets, là aussi en est tout l'abus; et cet abus n'en est que plus grand et plus criminel. Que ferait ici une sentence de la part de mon évêque, quand sa déclaration de suspense, tout arbitraire, est obstinément maintenue, confirmée, malgré toutes mes dénégations et les plus justes réclamations? La sentence, je l'attends de vous, Monseigneur; et vous ne sauriez la différer ou la refuser toujours, sans assumer sur vous des torts graves, et tous les dommages auxquels j'ai droit de prétendre.

J'ai l'honneur d'être, avec respect,

Monseigneur,

Votre très-humble et obéissant serviteur,

L'abbé PÉLIER-DE-LACROIX.

Chanoine de St.-Claude.

Lyon, le 25 mai 1839.

Hôtel Saint-Etienne, Grande-rue-Mercière.

(*) C'est ce que disent les gens de l'évêché de Saint-Claude, voyant on ne voyant pas, qu'ils disent une absurdité. En effet, dans ce système les suspenses les plus capricieuses, les plus arbitraires et les plus iniques, seraient inattaquables et irréformables dès l'instant qu'elles seraient le produit spontané et isolé d'un évêque; tandis qu'elles pourraient être anéanties, lorsqu'elles auraient été prononcées, après une instruction régulière, par l'évêque en synode, ou par une officialité, s'il y en avait de légale. Ainsi les évêques pourraient être impunément des despotes ecclésiastiques, qui n'auraient à suivre d'autres règles que leur volonté. Dans cet affreux système, il pourrait arriver que tous les prêtres fussent privés de l'exercice de leurs fonctions par les évêques de leurs diocèses respectifs, sans qu'aucun d'eux eût le droit de s'en plaindre. Ce résultat monstrueux ne peut trouver sa sanction dans aucune loi canonique. Une pareille fin de non recevoir n'est qu'une ESCOBARDERIE, propre à tromper seulement les bonnes femmes. Elle ne se trouve pas même dans ce livre pernicieux que Feller nomme le BRÉVIAIRE DES AMBITIEUX, DES FOURBES ET DES SCÉLÉRATS. (Article Machiavel.)

Après dix-sept jours de prières et d'insistances vaines pour obtenir d'être jugé, j'ai de nouveau fait constater le déni de justice par l'exploit suivant:

L'an mil huit cent trente-neuf et le vingt-sept mai, à la requête de M. l'abbé *Pélier-de-Lacroix*, chanoine de la cathédrale de Saint-Claude (Jura), y demeurant; j'ai, Dominique Parecint fils, huissier, reçu au tribunal civil et audiencier à la cour royale de Lyon, y demeurant, Grande-Rue-Mercière, n° 48, patenté le 6 juillet dernier, n° 768, soussigné; signifié et remontré à Monseigneur *l'archevêque d'Amasie*, administrateur du siége métropolitain de Lyon, étant en son palais épiscopal, situé à Lyon, rue de l'Archevêché, en parlant à un homme qui a dit être à son service.

Qu'à défaut par lui d'avoir, en sa qualité, obtempéré à la mise en demeure qui lui a été notifiée à même requête que dessus le dix-huit mai, présent mois, par exploit de Pierrot, huissier à Lyon, y enregistré le même jour par Sudré, qui a perçu 2 fr. 20 centimes.

Le requérant déclare et signifie itérativement par les présentes, pour une seconde et dernière fois à Monseigneur l'archevêque d'Amasie, en sa dite qualité, que :

Le trente avril dernier et le huit mai, présent mois, le requérant s'est rendu appelant d'une suspense totale prononcée contre lui par Monseigneur de Chamon, évêque de Saint-Claude, et a saisi dudit appel Monseigneur l'archevêque d'Amasie le dix du courant mois. Malgré toutes ses démarches et toutes ses supplications, le requérant n'a pu obtenir de son juge d'appel aucune décision. Il y a mieux : Monseigneur l'archevêque d'Amasie à constamment refusé, avant la mise en demeure comme depuis, de statuer sur ledit appel qui doit être jugé d'après les formes et les réglements du droit canonique. Il importe au requérant de constater le refus ;

C'est pourquoi il prie de nouveau, et avec instance, Monseigneur l'archevêque d'Amasie de prononcer sa sentence d'appel sans délai, attendu qu'il possède dans le mémoire imprimé du requérant, tous les documents et tous les moyens propres à éclairer sa religion, et que, d'ailleurs, Monseigneur l'évêque de Saint-Claude lui a fait également connaître ses moyens, dont acte, sans réserves utiles au requérant.

Et afin que Monseigneur l'archevêque d'Amasie n'en ignore, je lui ai donné et laissé copie de mon présent exploit, en parlant comme dessus.

Coût deux francs cinquante centimes outre les déboursés.

Signé, PARECINT.

Enregistré à Lyon le 27 mai 1839. Reçu deux francs vingt centimes.

Signé, SUDRÉ.

Lons-le-Saunier, Imprimerie d'Athalin COURBET.